Benni Bär malt ein Bild

Valeri Gorbatschow

Edition Jürgen Lassig

Nord-Süd Verlag

Für meine Tochter Sasha
und meinen Sohn Kostya –
ihre Bilder hängen
gerahmt an allen Wänden.

Aus dem Amerikanischen von Jürgen Lassig

Originaltitel: *Peter's Picture*
Lithographie: Die Repro, Tamm
Gesetzt in der Goudy, 16 Punkt
Druck: Proost N.V., Turnhout
ISBN 3 314 01042 7

Die Deutsche Bibliothek – CIP-Einheitsaufnahme

Gorbatschow, Valeri : Benni Bär malt ein Bild
[Aus dem Amerikan. von Jürgen Lassig]. –
Gossau Zürich ; Hamburg ;
Salzburg : Nord-Süd-Verl., 2000
(Edition Jürgen Lassig)
Einheitssacht.: Peter's Picture <dt.>
ISBN 3-314-01042-7

1 2 3 4 5 04 03 02 01 00

Valeri Gorbatschow wurde 1944 geboren. Er emigrierte 1991 mit seiner Frau und zwei Kindern aus der Ukraine in die USA. Während seiner Zeit in der damaligen Sowjetunion illustrierte er über vierzig Kinderbücher, darunter viele eigene Texte. Seine Bücher wurden ins Finnische, Deutsche und Spanische übersetzt, seine Illustrationen im Ausland mehrfach ausgestellt.
In den USA hat er bereits mehrere Bilderbücher illustriert.
Weitere Bilderbücher von Valeri Gorbatschow im Nord-Süd Verlag:
Winnie und die wilden Wölfe
Winnie will woanders schlafen

Eines Tages spielten die Tiere im Kindergarten Schule. Sie stellten Bänke auf und jeder sollte ein Bild malen.

Benni Bär malte eine große rote Blume.
Es war das schönste Bild, das er jemals gemalt hatte. Und Benni war sehr stolz darauf.

Kindergarten

Als der Kindergarten aus war, lief Benni mit seinem Bild nach draußen. Er wollte schnell nach Hause gehen, denn er wusste genau, was er mit seiner Blume machen wollte.

Unterwegs traf er Frau Setter.
»Wollen Sie sehen, was ich gemalt habe?«, rief Benni Bär.
»Ja, gern«, sagte Frau Setter.
Benni zeigte ihr sein Bild.
»Ist das aber eine schöne Blume!«, rief sie.
»Darf ich mal daran schnuppern?«
»O nein!«, rief Benni. »Die ist nicht zum Schnuppern da!«

Benni ging weiter. Bei den Bienenstöcken
sah er Onkel Bär.
»Sieh mal, Onkel Bär, ich habe ein Bild
gemalt!«, rief Benni.

»Lass mal sehen! Was haben wir denn da?«
Onkel Bär sah sich Bennis Bild ganz genau an.
»Eine wunderhübsche Blume!«, sagte er. »Ich sollte sie meinen Bienen geben. Die mögen sie bestimmt.«
»O nein!«, rief Benni. »Die ist nicht für die Bienen da!«

Schnell ging Benni weiter.
Er kam zur Werkstatt, in der Herr Eber
arbeitete.
»Sehen Sie mal, was ich gemalt habe!«,
rief Benni Bär.

»Das ist ja toll!«, sagte Herr Eber.
»Eine Blume! Und wie frisch sie aussieht!
Ich könnte sie glatt in die Vase stellen!«
»O nein!«, rief Benni. »Die ist nicht
für die Vase!«

Bald traf Benni seinen Freund, den Maulwurf.
»Sieh mal, ich habe ein Bild gemalt!«,
rief Benni.
»Komm mal etwas näher, Benni«, sagte der
Maulwurf. »Du weißt doch, ich sehe ein
bisschen schlecht.«

Der Maulwurf putzte seine Brille und betrachtete Bennis Bild.
»Was für eine hübsche Blume!«, sagte er. »So eine schöne Blume hatte ich noch nie im Garten. Weißt du was, ich werde sie gießen.«
»O nein!«, rief Benni. »Das ist nicht gut! Die darf man nicht gießen!«

Endlich kam Benni nach Hause.
»Was hast du denn da?«, fragte
Mama Bär neugierig.
Benni Bär zeigte ihr sein Bild.

»Das ist wunderschön!«, sagte Mama Bär.
Sie ging ins Haus und zeigte Papa Bär
das Bild.
»Sieh mal, was Benni gemalt hat!«

Bennis Papa betrachtete das Bild und sagte: »Das ist großartig! Und weißt du, was wir damit machen werden?«

»Du willst doch nicht etwa dran schnuppern?«, fragte Benni entsetzt. »Oder es den Bienen geben? Oder in eine Vase stellen oder gießen?«

»Natürlich nicht!«, sagte Papa Bär.
»Niemals! Wer kommt denn
auf so eine Idee?«
Er ging mit dem Bild in den Keller.
Und dort blieb er eine ganze Weile.

Als Papa Bär zurückkam, hatte er
einen richtigen Rahmen für Bennis Bild
gemacht.
Nun konnten die drei das Bild bewundern.
»Toll, Papa«, sagte Benni glücklich
und rannte in sein Zimmer…

...und malte ein neues Bild.